LES BONS LIVRES

TÉ ÉLÉMENTAIRE

LE SOLFÉGE DE RODOLPHE

MIS A LA PORTÉE DE TOUT LE MONDE

PUBLIÉ

par Ad. Rion

fondateur de la collection des *Bons Livres* à 10 c.

PARIS, DÉPARTEMENTS
CHEZ TOUS LES LIBRAIRES

Ils sont priés de s'adresser à leurs *Commissionnaires*, ou aux maisons
HACHETTE, SCHULZ, ALLOUARD, VERNAY,
[illegible], DU[illegible]IN, MADRE, BROUILLET, GAULON, GOIN, CLAVERIE

Bons Livres
N° 1[illegible]6

INTRODUCTION

SOLFIER un morceau de musique, c'est le chanter en nommant les notes qui le composent.

Pour abréger la partie théorique du présent ouvrage et donner plus d'importance aux exercices du solfége, nous renvoyons nos lecteurs au N° 35 de notre collection de *Bons Livres* à 10 c. Il a pour titre TRAITÉ ÉLÉMENTAIRE DE MUSIQUE, par C. HYGIN-FURCY. Les principes musicaux y sont expliqués d'une manière succincte et claire tout à la fois.

Ces deux traités se complètent l'un par l'autre, et nous espérons pour celui-ci le même accueil sympathique que pour le premier.

(*Note de l'éditeur.*)

PREMIÈRE PARTIE.

Théorie.

1re LEÇON : PORTÉE, CLEF, NOTES, TONS, MODES.

La Portée se compose de 5 lignes horizontales. — La Clef de Sol se place sur la 2e ligne.

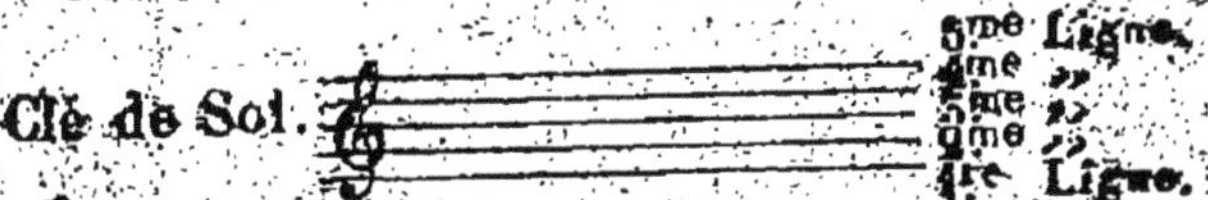

On ajoute au-dessus et au-dessous de la portée, des *lignes supplémentaires* pour augmenter les Gammes.

Noms et position des 7 notes.

Cette GAMME (*diatonique*) se compose de 5 Tons et 2 1/2 Tons, dont la position constitue le Mode Majeur ou Mineur.

Mode Majeur (*Voir page* 8.)

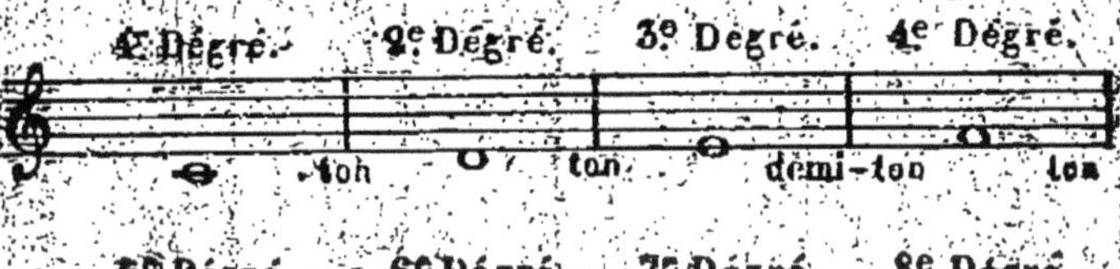

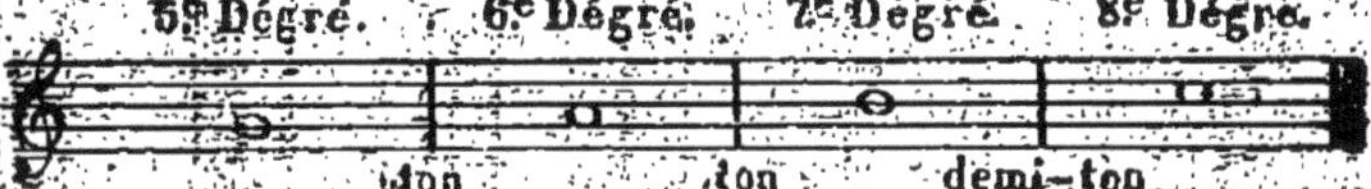

Mode Mineur.

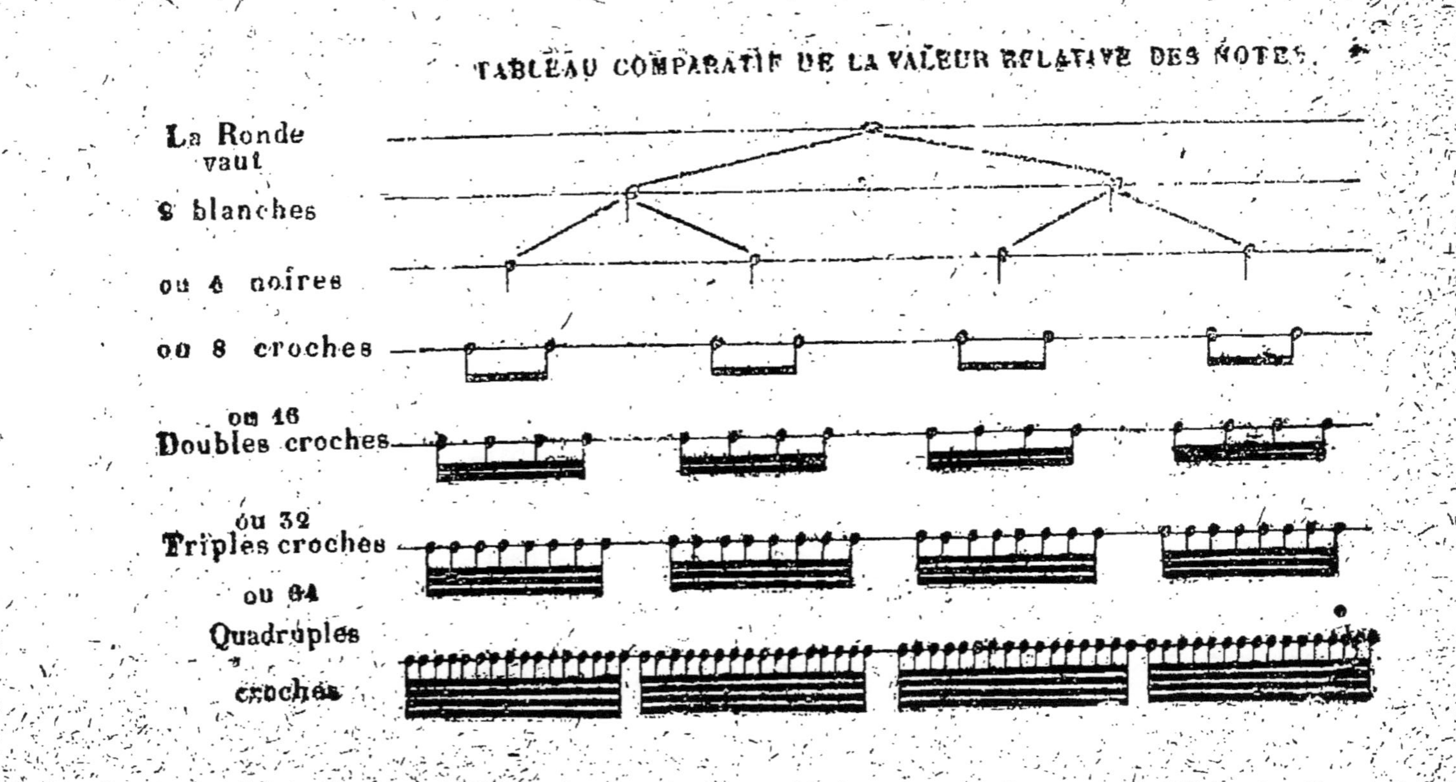
TABLEAU COMPARATIF DE LA VALEUR RELATIVE DES NOTES.
La Ronde vaut
2 blanches
ou 4 noires
ou 8 croches
ou 16 Doubles croches
ou 32 Triples croches
ou 64 Quadruples croches

2e LEÇON : NOTES POINTÉES ET SILENCES.

Le POINT à la suite d'une note l'augmente de moitié de sa valeur. — La *Ronde pointée* vaut 1 ronde 1/2, soit 3 blanches, etc.

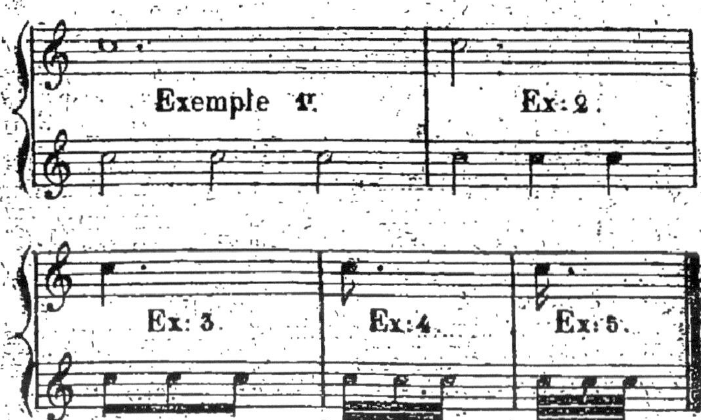

NOMS, FORMES, POSITION ET VALEUR DES SILENCES.

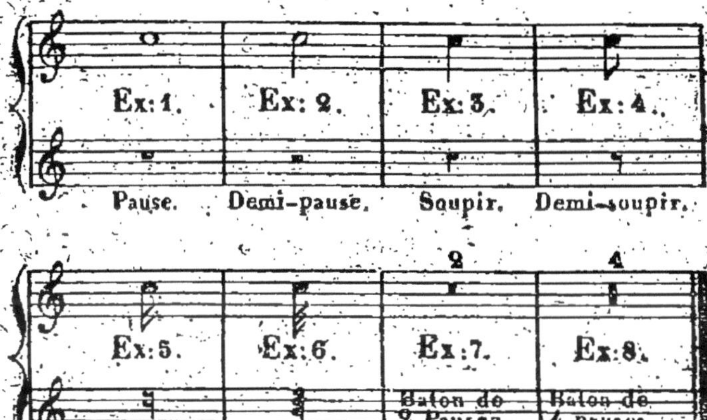

Le *Silence pointé* augmente, comme les notes, de moitié de sa valeur.

3e LEÇON : Mesures et temps.

Il y a 6 formes de Mesures usitées :

Et 3 Mesures composées dérivant des précédentes.

La mesure se bat soit avec la main, soit avec le pied, pour marquer la division des temps.

Le premier temps de chaque mesure est toujours un *Temps fort*.

Modèles du battement pour les Mesures à 2, à 3 et à 4 Temps.

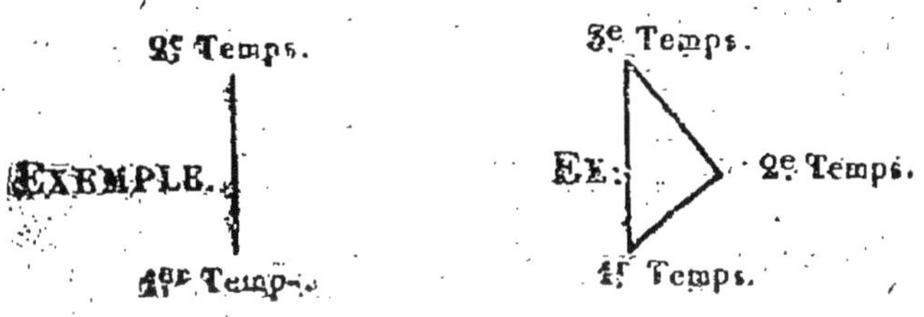

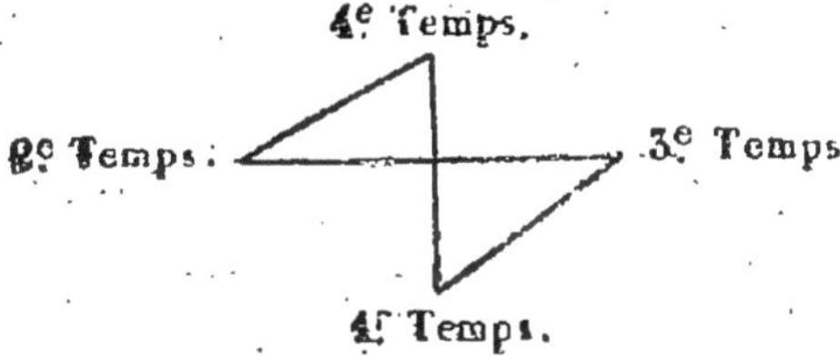

Distinction des Temps forts et des Temps faibles.

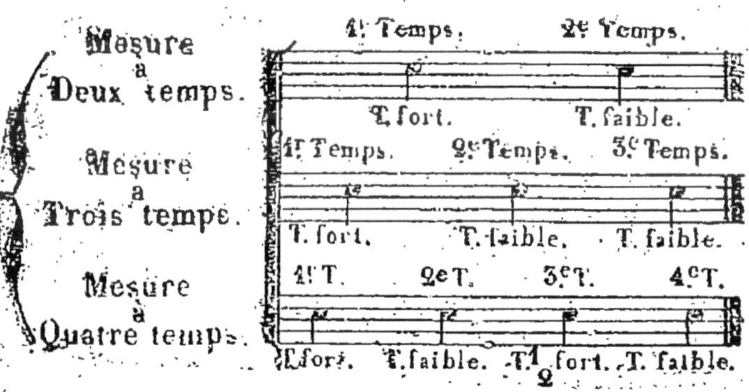

4e LEÇON : DIÈZES, BÉMOLS ET BÉCARRES.

Forme et position des Dièzes et des Bémols.

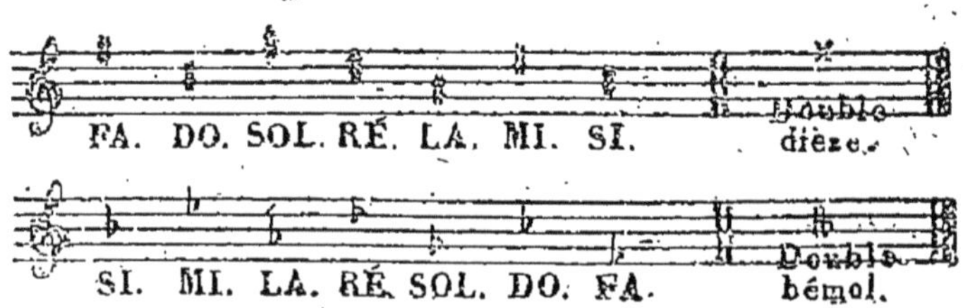

Effets des Dièzes, des Bémols et des Bécarres.

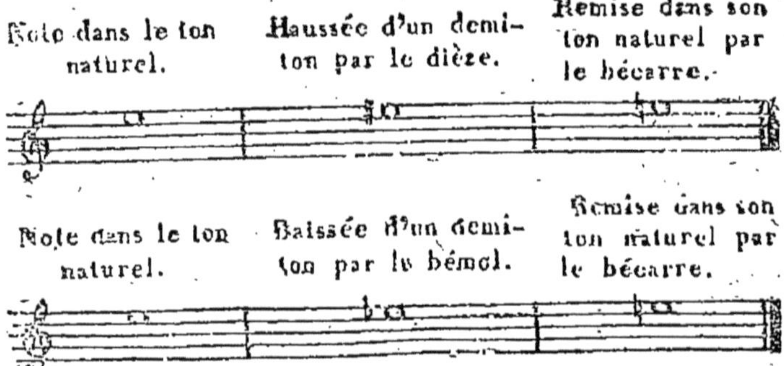

5e LEÇON : DES MODES.

Le Mode est l'union de 3 notes formant l'accord parfait :

La *Tonique* (1er degré) : la *Tierce* (3e degré) : la *Dominante* (5e degré).

La *Tierce majeure*, composée de 2 Tons, détermine le MODE MAJEUR, dont le type est le Ton d'*UT* NATUREL.;

La *Tierce mineure*, composée d'un Ton et d'un demi-Ton, constitue le MODE MINEUR, dont le type est le Ton de *LA* NATUREL.

MODE MAJEUR.

1er Dégré. 2e Dégré. 3e Dégré.

D'Ut à Ré — de Ré à Mi
un ton, — un ton.

MODE MINEUR.

1er Dégré. 2e Dégré. 3e Dégré.

6e LEÇON : FORMATION, DISTINCTION ET RELATION DES TONS.

Les Tons d'*UT majeur* et de *LA mineur* sont relatifs et n'ont à la Clef ni *Dièzes* ni *Bémols*.

Un ou plusieurs Dièzes à la clef font varier les Tons comme suit :

Ut majeur.	Sol majeur.	Ré majeur.	La majeur.
La mineur relatif d'Ut majeur.	Mi mineur relatif de Sol majeur.	Si Mineur relatif de Ré majeur.	Fa # mineur relatif de La majeur.

Mi majeur.	Si majeur.	Fa # majeur.	Ut # majeur.
Ut # mineur relatif de Mi majeur.	Sol # mineur relatif de Si majeur.	Ré # mineur relatif de Fa # majeur.	La # mineur relatif de Ut # majeur.

Un ou plusieurs Bémols à la clef font varier les Tons comme suit :

7e LEÇON : DE LA NOTE TONIQUE.

1° Dans les Modes Majeurs, la *Tonique* est posée un degré au-dessus du dernier *Dièze* :

ou 4 degrés au-dessous du dernier *Bémol* :

2° Dans les MODES MINEURS, la *Tonique* est posée un degré au-dessous du dernier *Dièze* :

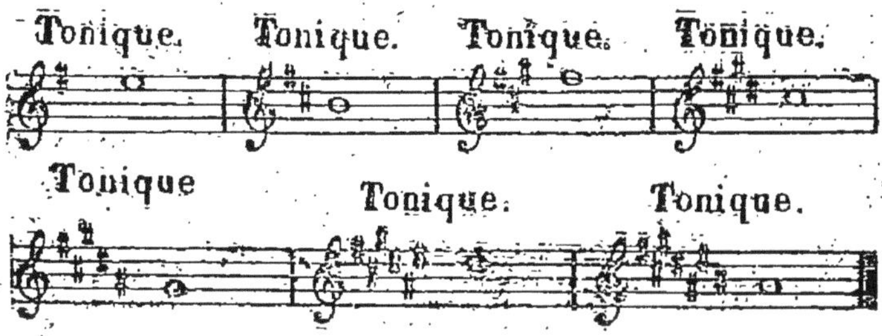

ou six degrés au-dessous du dernier *Bémol.*

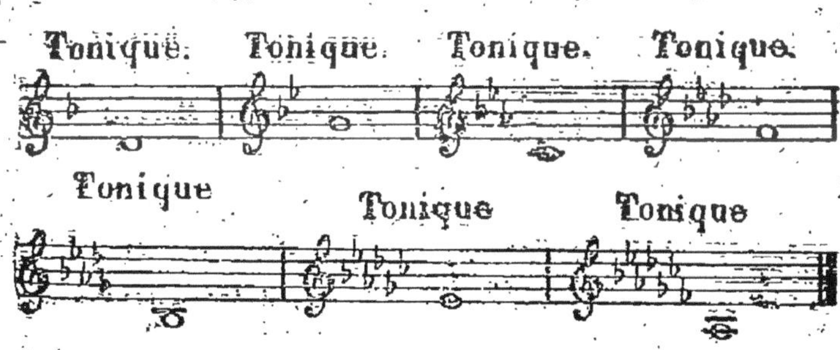

8e LEÇON : GAMMES, DEGRÉS, DEMI-TONS.

Toutes les GAMMES ont 7 *degrés*, dont le premier se répète à l'*Octave*. La *Tonique* de chaque Ton est le premier *degré* de sa Gamme.

GAMME du ton d'Ut.

GAMME du ton de Sol.

DISTINCTION DES DEMI-TONS.

1° Le DEMI-TON est *Majeur* quand l'une des notes est placée sur la ligne, et l'autre sur l'intervalle qui suit.

2° Le DEMI-TON est *Mineur* quand les deux notes sont sur la même ligne, ou sur le même intervalle.

NOTA. — La distance d'*UT* à *UT* ♯ est plus grande que celle d'*UT* à *RE* ♭.

9e LEÇON : DISTANCES ET RENVERSEMENT DES NOTES.

Deux notes sur le même degré sont à l'*Unisson*; la *Seconde*, la *Tierce*, la *Quarte*, la *Quinte*, la *Sixte*, la *Septième* et l'*Octave* expriment la distance de 1 à 2, 3, 4, 5, 6, 7 et 8 degrés :

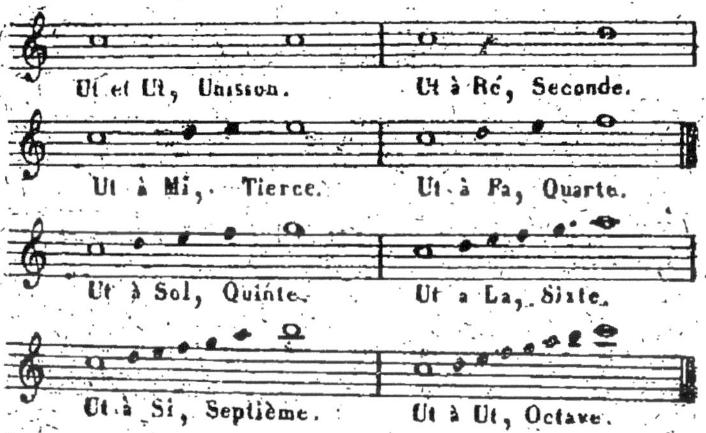

Par le RENVERSEMENT, l'*Unisson* donne l'*Octave*; la *Seconde*, donne la *Septième*, etc.

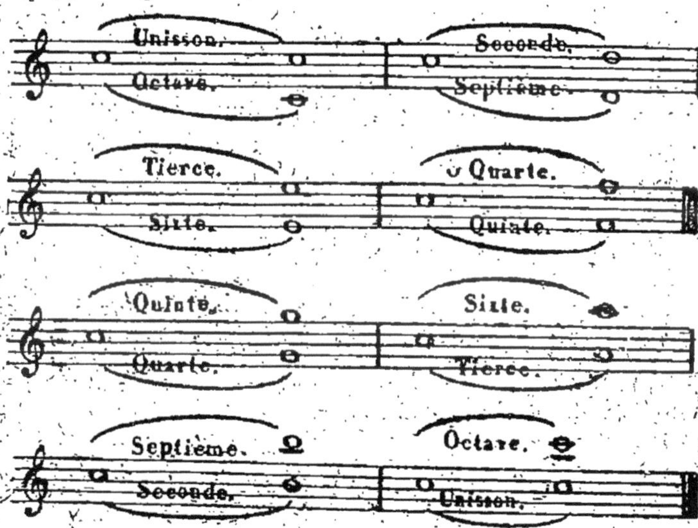

10e LEÇON : CHANGEMENT DU MINEUR EN MAJEUR, et vice versa.

On rend Majeur un Ton Mineur :

1° En ajoutant à la Clef 3 *Dièzes* :

2° En retranchant 3 *Bémols* :

3° Quand il n'y a que 2 ou qu'un *Bémol*, on les remplace par 1 ou 2 *Dièzes*.

On rend Mineur un Ton Majeur :

1° En ajoutant à la Clef 3 *Bémols* :

2° Ou en retranchant 3 *Dièzes* :

3° Quand il n'y a que 2 ou qu'un *Dièze*, on les remplace par 1 ou 2 *Bémols*.

11e LEÇON : SIGNES DIVERS.

Le 1er signe *sans points* indique qu'il faut suivre ; le 2e *pointé* fait *bisser* la reprise.

Le RENVOI 𝄋 se place au commencement et à la fin d'un morceau ; le 2e ramène au 1er.

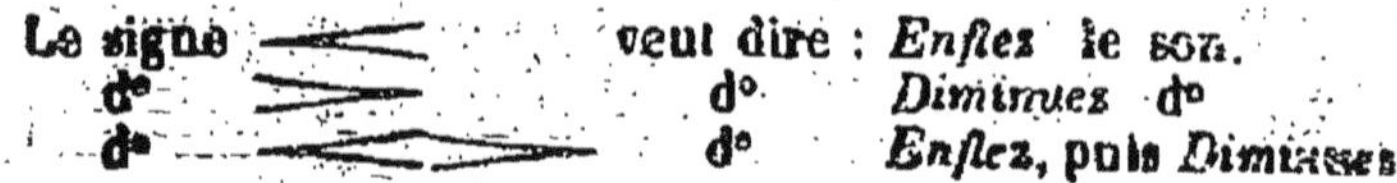

Le signe ⟨ veut dire : *Enflez* le son.
d° ⟩ d° *Diminuez* d°
d° ⟨⟩ d° *Enflez*, puis *Diminuez*.

LA NOTE D'AGRÉMENT se fait sentir sans la nommer en solfiant.

12e LEÇON

EXPLICATION DES TERMES ITALIENS LES PLUS USITÉS POUR L'INDICATION DES MOUVEMENTS

Grave,	le plus lent des mouvements
Largo,	largement, lent et sévère.
Lento,	lent.
Larghetto,	moins lent que *largo.*
Adagio,	très-lent et très-marqué.
Maestoso,	lent et majestueux.
Andante,	assez lent et accentué.
Andantino,	moins lent que l'*andante.*
Allegretto,	avec une vivacité modérée.
Allegro,	vif et animé.
Presto,	rapide.
Prestissimo,	avec une rapidité impétueuse.
Moderato.	modérément.
Sostenuto,	soutenu.
Grazioso,	gracieusement.
Amoroso,	tendrement.
Vivace,	gai, animé et vif.
Con Moto,	avec chaleur.
Ritardando,	en modérant le mouvement.
Rallentando,	en ralentissant le mouvement
Ritenuto,	en retenant le mouvement.
Accelerando,	en accélérant.

A tempo	dans le premier mouvement
Tempo di marcia,	marche militaire.
Ad libitum,	à la volonté de l'exécutant.
Tempo giusto,	mouvement juste, précis.
Con brio,	avec éclat.
Scherzando,	en badinant.
Cantabile,	chanter avec expression.
Affectuoso,	affectueux.
Con expressione,	avec expression.
Leggiero,	vif.
Con anima,	avec âme.
Con spirito,	avec esprit.

Tableau des Signes d'expression employés en musique, avec leur traduction.

SIGNES	TERMES ITALIENS	TRADUCTION.
P.	*Piano*,	doux.
P. P.	*Pianissimo*,	très-doux, très-faible.
Dol.	*Dolce*,	avec douceur.
F.	*Forte*,	fort.
F. F.	*Fortissimo*,	très-fort.
F. P.	*Forte piano*,	la 1re note forte, la 2e faible.
P. F.	*Piano forte*,	effet contraire.
Dimin.	*Diminuando*,	diminuant peu à peu.
M. V.	*Mezza voce*,	à demi-voix.

M. F.	*Mezzo forte,*	à moitié fort.
Rinf. ou *rfz.*	*Rinforzando,*	en renforçant insensiblement.
Sf ou *sfz.*	*Sforzando,*	en renforçant subitement.
Cresc.	*Crescendo,*	augmenter progressivement.
Decresc.	*Decrescendo,*	en diminuant le son de force.
Smorz.	*Smorzando,*	en diminuant progressivement jusqu'à l'extinction du son.
Perdend.	*Perdendosi,*	
Morend.	*Morendo,*	
Expres.	*Expressivo,*	avec expression.
Leg.	*Legato,*	lié.
Scherz.	*Scherzando,*	en badinant.
Stacc.	*Staccato,*	détaché.
Cal.	*Calendo,*	en mettant de la chaleur.

FIN DE LA PREMIÈRE PARTIE.

DEUXIÈME PARTIE

EXERCICES.

Pour compléter la notion des principes de la grammaire musicale, nous rappelons à nos lecteurs qu'ils feront bien de se procurer notre *Traité élémentaire de musique.*

Nota : Tous les exercices peuvent se répéter en gammes *montantes* et *descendantes.*

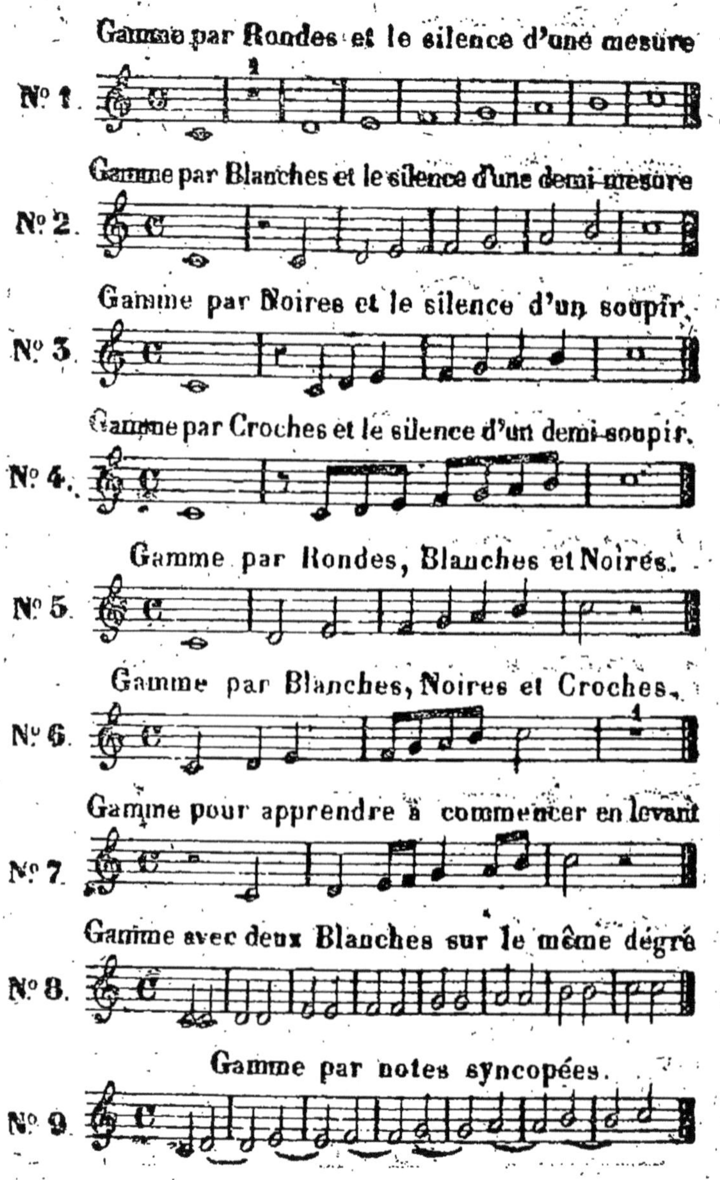
Gamme par Rondes et le silence d'une mesure
Nº 1.
Gamme par Blanches et le silence d'une demi-mesure
Nº 2.
Gamme par Noires et le silence d'un soupir.
Nº 3.
Gamme par Croches et le silence d'un demi-soupir.
Nº 4.
Gamme par Rondes, Blanches et Noires.
Nº 5.
Gamme par Blanches, Noires et Croches.
Nº 6.
Gamme pour apprendre à commencer en levant
Nº 7.
Gamme avec deux Blanches sur le même dégré
Nº 8.
Gamme par notes syncopées.
Nº 9.

Gamme par intervalle de seconde.

Gamme par intervalle de Tierce.

Résumé de la leçon précédente.

N° 12.

Gamme par Intervalle de Quarte.

N° 13.

Résumé de la précédente.
Nº 14.
Gamme par intervalle de Quinte.
Nº 15.

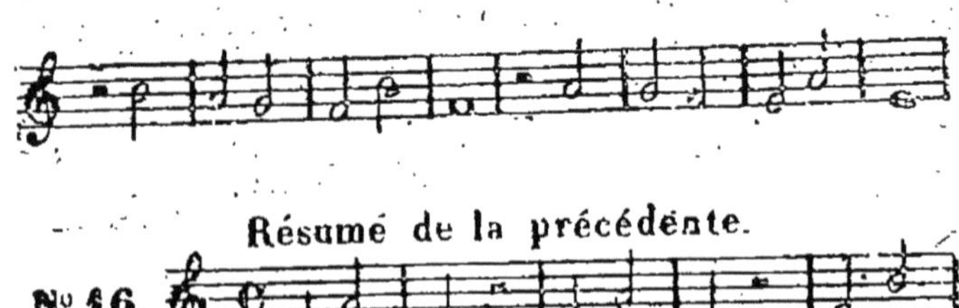

Résumé de la précédente.

Nº 16.

Gamme par intervalle de Sixte:

Nº 17.

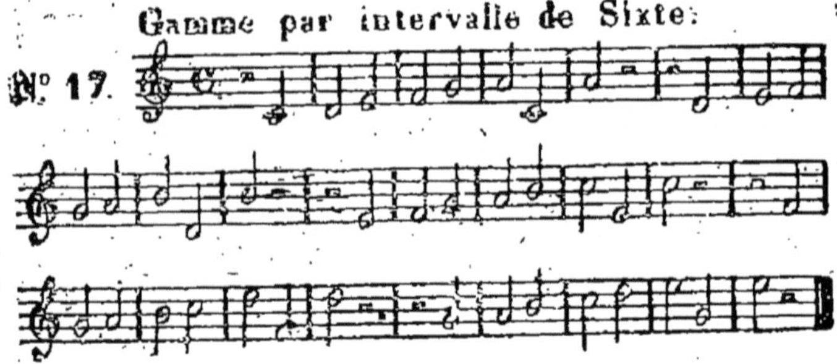

Résumé de la précédente.

Nº 18.

Gamme par intervalle de Septième.
Nº 19.
Résumé de la présédente.
Nº 20.
Gamme par intervalle d'Octave.
Nº 21.
Résumé de la précédente.
Nº 22.
Leçon renfermant tous les intervalles.
Nº 23.

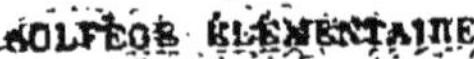

Résumé de la précédente.

N° 24.

Première leçon avec des Rondes.

N° 25.

avec des Blanches.

N° 26.

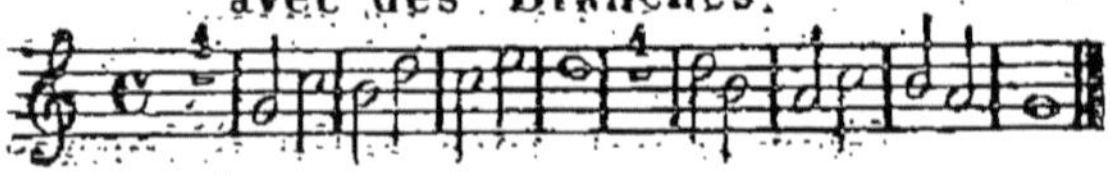

avec des Noires.

N° 27.

avec des Croches.

N° 28.

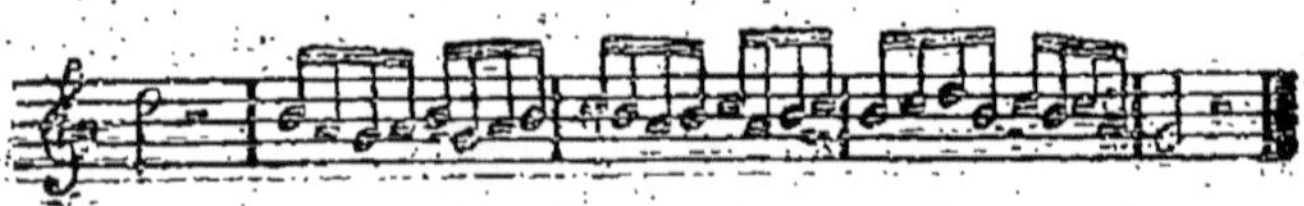

Rondes et Blanches.

N° 29.

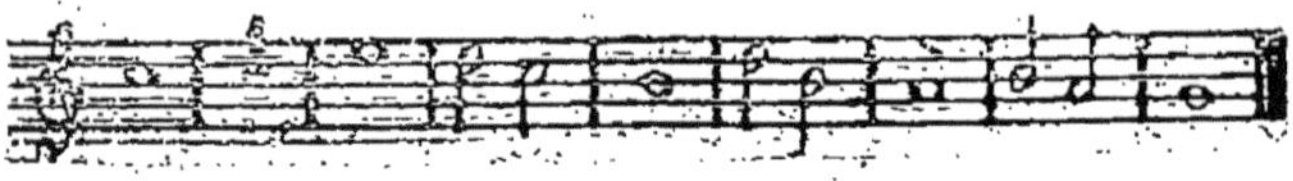

Rondes et Noires.
Nº 30.
Rondes et Croches.
Nº 31.
Rondes, Blanches et Noires.
Nº 32.
Rondes, Blanches, Noires et Croches.
Nº 33.

Une Blanche et quatre Croches.

N° 34.

Une Blanche et deux Noires.

N° 35.

Réduction de la précédente.

N° 36.

Deux Noires et une Blanche.

N° 37.

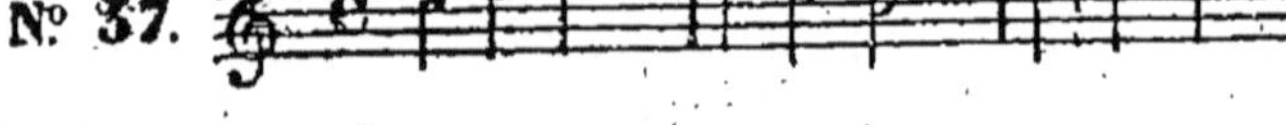

Réduction de la précédente.

N° 38.

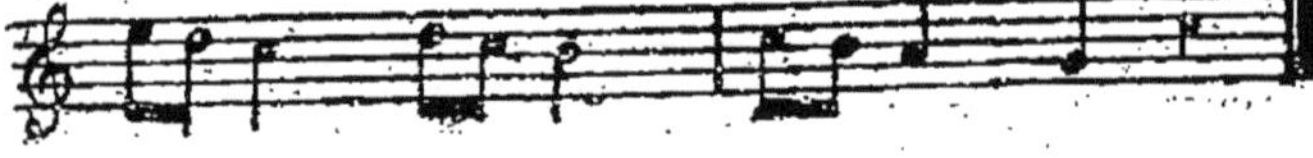

Pour observer la valeur du Point.
No 39.
Réduction de la précédente.
No 40.
Pour observer la valeur du Point.
No 41.
Réduction de la précédente.
No 42.
No 43.
La même réduite en Noires.
No 44.

La même réduite en Croches.

N° 45.

Deux Noires entre deux Soupirs.

N° 46.

Réduction de la précédente.

N° 47.

N° 48.

Des Syncopes.

N° 49.

Réduction du N° 49.
N° 50.
Réduction du N° 50.
N° 51.
Réduction du N° 51.
N° 52.
Résumé des quatre leçons précédentes.
N° 53.
Toujours des Syncopes.
N° 54.
Réduction de la précédente.
N° 55.

Résumé des deux précédentes.
Nº 56.
Mesure à trois Temps.
Nº 57.
Avec une Blanche et une Noire.
Nº 58.
Inverse de la précédende.
Nº 59.
Résumé des deux leçons précédentes.
Nº 60.
Nº 61.
Nº 62.

Résumé des deux leçons précédentes.

N° 63.

Fin des leçons préliminaires.

Quoiqu'il y ait une différence sensible entre ut♯ et ré♭, néanmoins l'on est convenu pour faciliter l'intonation de les considérer comme synonymes. Sur l'Orgue, le Clavecin, le Piano etc. la même touche fait ut♯ et ré♭, ré♯ et mi♭ etc.

EXEMPLES.

Gammes par demi-tons avec des dièzes.

N° 64.

Gammes par demi-tons avec des bémols.

N° 65.

Résumé des deux précédentes.

Leçon pour les notes d'agrément.

Pour se familiariser avec le 1r dieze et le 1r b

N° 69

Allegretto.
N.70.
Allegretto.
N°71.

Andante.
Nº 72.
Pour se familiariser avec le sol ♯ accidentel.
Nº 73.
Andantino.
Nº 74.
Andantino.
Nº 75.

Pour se familiariser avec les deux 1ers dièzes
Nº 76.
Andante.
Nº 77.

Moderato.
N° 78.
All.to
N° 79.

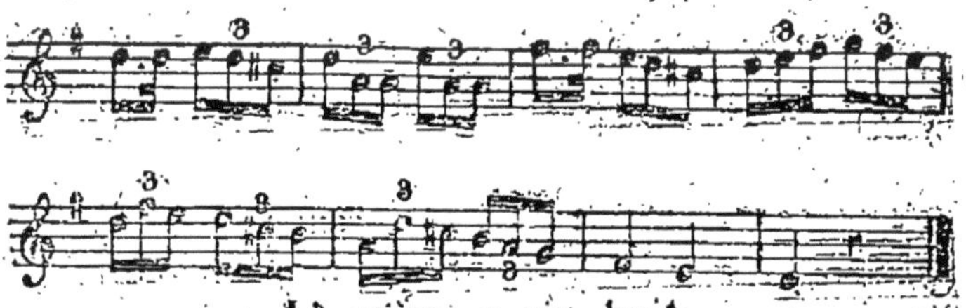

Là même a six huit.

All°

N° 30.

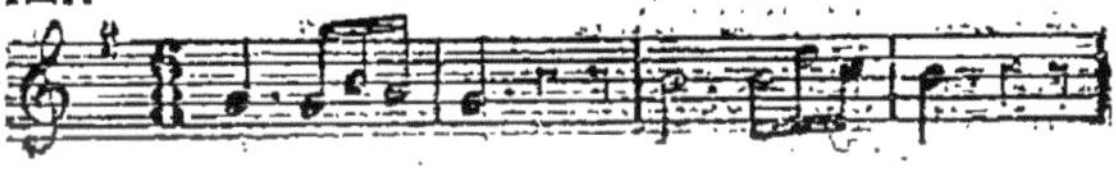

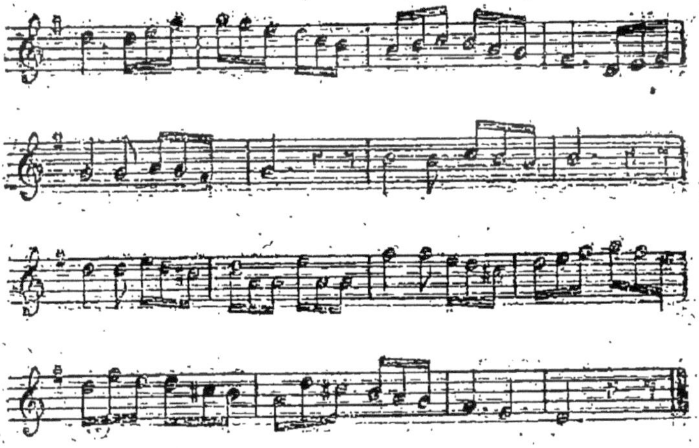

Andante.

N° 31.

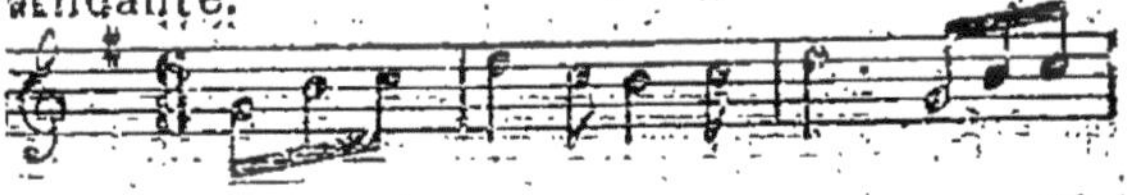

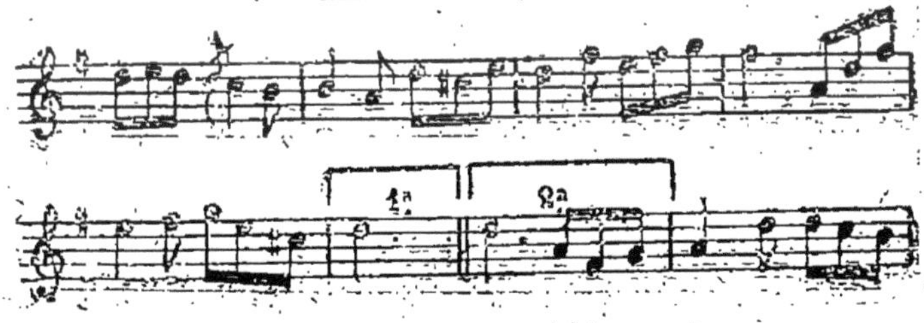

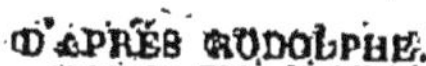

rall.
Andante.
No 32.
La même à Trois huit.
No 33.

Andante.
La même en Trois-huit.

Andantino.
N° 37.
Pour se familiariser avec les deux 1rs bémols.
N° 38.

Allegretto.
N° 89.
N° 90.

Nº 91.

N° 92

93.

Moderato.

Nº 94.

Moderato.

Nº 95.

Moderato.

Nº 96.

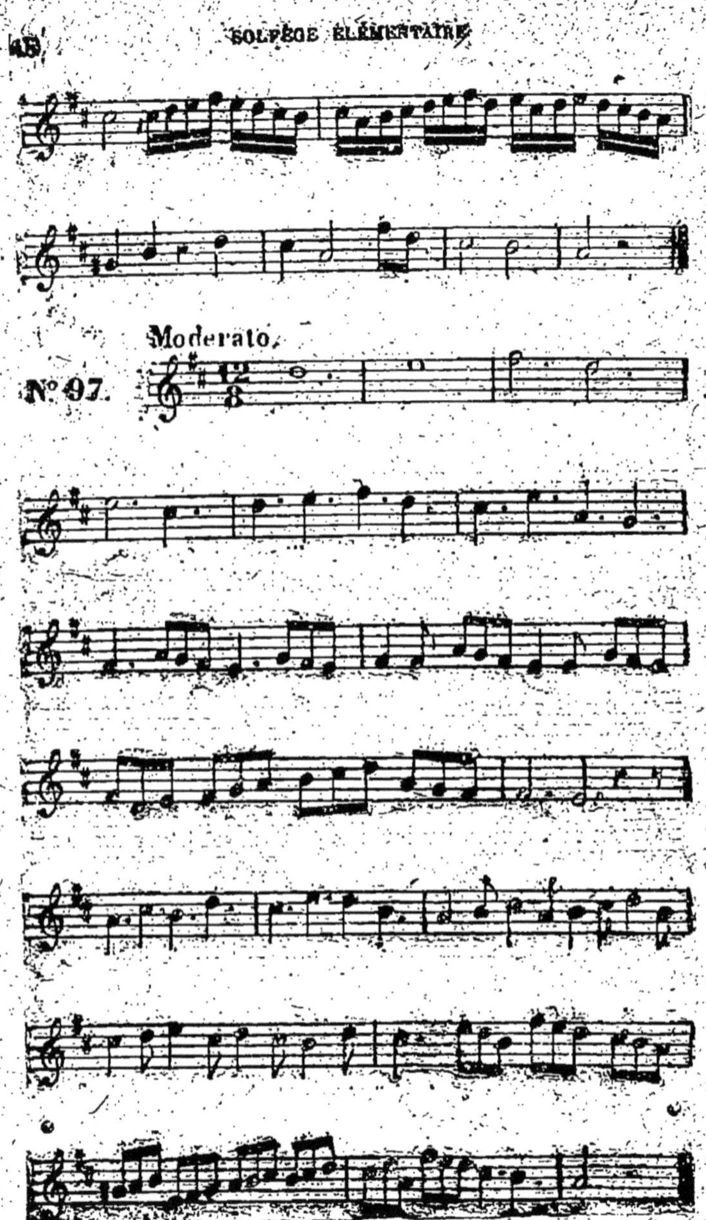
Moderato.
Nº 97.

Andante,
N° 98.
N° 99.

Moderato.
№ 400

Moderato
No 101.
No 102.
1a
2a

No. 103.

No. 104.

Moderato.

Nº 105.

Clé de FA quatrième Ligne.

SOL LA SI UT RÉ MI FA

Nº 106.

SOL LA SI UT RÉ MI FA SOL

Leçon pour apprendre à nommer les notes.

Nº 107.

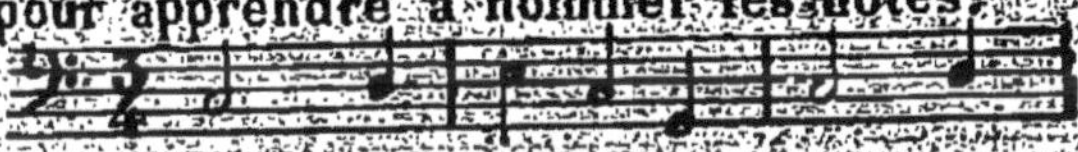

Leçon pour l'étendue de la voix.

Nº 108.

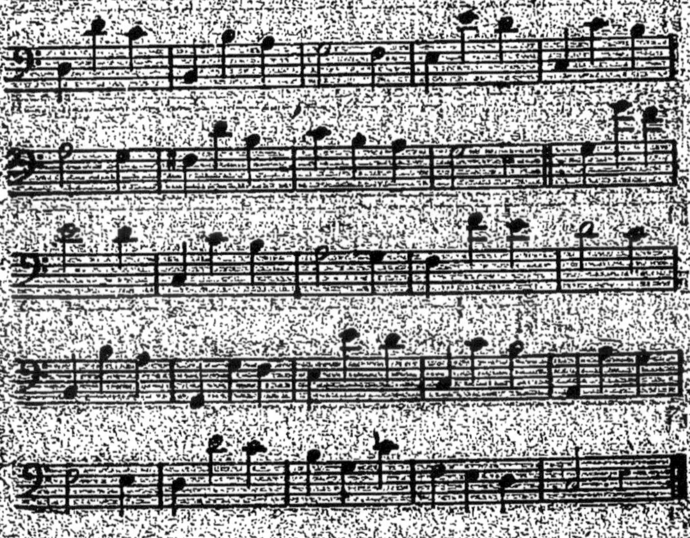

Andante.
Nº 109.
Clé d'UT première Ligne.
UT RÉ MI FA SOL LA
Nº 110.
SI UT RÉ MI FA SOL LA
Leçons pour apprendre à nommer les Notes.
Nº 111.
Nº 112.

No 113.

No 114.

No 115.

Andantino.
Nº 116.
Andantino.
Nº 117.

Clé d'UT quatrième Ligne.
UT RÉ MI FA SOL LA
Nº 118.
SI UT RÉ MI FA SOL
Nº 119.
All.to
Nº 120.

Andantino.
Nº 121.

TABLE DES MATIÈRES

CLICHY. — Imp. PAUL DUPONT, 12, rue du Bac-d'Asnières.

www.ingramcontent.com/pod-product-compliance
Ingram Content Group UK Ltd.
Pitfield, Milton Keynes, MK11 3LW, UK
UKHW020329220726
13923UKWH00003B/1448